JUGEZ-NOUS !

PAR

M. Adolphe PETITJEAN

ARBOIS

IMPRIMERIE D'ÉMIR JAVEL

—

1866

PRÉFACE

On a répandu dans notre ville un écrit injurieux, *ne portant aucune signature*, intitulé *Réponse à un libelle*. Il a, dit-on, pour objet de réfuter un opuscule, *signé de moi*, lequel a pour titre : *La vérité sur la question de la route d'Arbois à la gare du Haut. (Mesnay-Arbois)*.

L'auteur de ce factum, sans s'inquiéter de répondre à mes arguments, ainsi que ses rares lecteurs ont pu s'en apercevoir, se montre prodigue envers moi d'imputations grossières dont je n'ai pas à me justifier dans l'esprit des personnes qui me connaissent.

Je n'en ai pas moins tenu à découvrir de qui elles émanaient : des renseignements certains m'assurent que le dépôt légal de cette œuvre inavouée a été fait par l'imprimeur Outhenin Chalandre fils, à Besançon, pour le compte d'un haut fonctionnaire des Ponts-et-Chaussées intéressé dans ce conflit.

D'un autre côté, une lettre adressée à un tiers, et que j'ai reçue par la poste sans savoir de quelle part, en attribue la paternité à un ancien Préfet de la République, aujourd'hui Inspecteur général des lignes télégraphiques, résidant le plus souvent à Arbois.

Deux Inspecteurs généraux pour un factum anonyme, serait-ce bien possible? Je ne puis le croire... Quoi qu'il en soit, la seule satisfaction à tirer d'un écrit de cette nature est la publicité. Je fais donc réimprimer, sans y changer un seul mot, la *Réponse à un libelle*. Je me contente d'ajouter au bas de chaque page des notes destinées à en redresser les nombreuses erreurs, à en commenter le sens et la portée.

Pour satisfaire à des demandes qui m'arrivent de toute part, je fais précéder cette publication d'une deuxième édition de ma brochure. Le lecteur me rendra cette justice, qu'en critiquant des actes de M. Parandier dont l'opposition a longtemps entravé l'exécution de travaux et d'améliorations attendues avec impatience par la population de notre ville, je me suis abstenu de toute attaque personnelle! J'ai fait remarquer seulement, comme je le lui avais dit à lui-même, qu'il était dans une position fausse, laquelle, à son insu peut-être, devait égarer son jugement sur une question où il avait un intérêt direct.

Afin d'instruire le lecteur sur la passion haine ou envie (1) qui m'a toujours animé dans cette discussion, je le renvoie à la copie d'une lettre que j'ai eu l'honneur d'adresser à Madame Parandier, le 2 mars 1864, longtemps avant que ces débats ne devinssent publics, et qu'on trouvera imprimée à la suite de mon opuscule.

Le lecteur ayant ainsi sous les yeux tous les éléments nécessaires pour former son opinion, jugera de quel côté se trouvent la raison, la vérité, et les convenances.

Malgré l'exemple qui m'est donné par mon ou mes adversaires, je ne sortirai pas de ma modération habituelle, et si de nouveaux outrages venaient à se produire, je dédaignerais comme aujourd'hui d'y répondre, je me bornerais à en déférer la répression aux tribunaux compétents.

Adolphe PETITJEAN.

---

(1) Style de la *Réponse à un Libelle*, page 3.

LA VÉRITÉ

SUR LA

QUESTION DE LA ROUTE D'ARBOIS

A LA GARE DU HAUT (Mesnay-Arbois)

AVANT-PROPOS

M. Parandier saisit avec empressement la plus petite occasion de critiquer l'Administration de la ville d'Arbois. A l'entendre, il est dévoué de cœur et d'âme à sa ville natale ; cependant on nous a assuré que présent à la dernière session du Conseil Général, il n'avait point assisté à la séance, pendant la discussion engagée à propos des 17,000 francs demandés et obtenus par M. le Maire pour terminer l'élargissement de la rue de Faramand, à l'entrée de la route de Champagnole.

Dernièrement, au sujet de l'établissement de l'usine à gaz, trop rapprochée, selon lui, des maisons voisines, il demande carrément, c'est son expression, qu'elle soit transportée ailleurs, avant d'avoir expérimenté si, là où elle est placée, elle peut présenter quelque inconvénient. Touchant intérêt pour les finances de la ville ! Il n'ignore pas cependant que la Commission d'Hygiène de l'arrondissement est d'un avis contraire, et on sait qu'il existe, probablement avec l'autorisation des autorités compétentes, des usines de ce même gaz, au milieu de centres populeux, notamment en plein boulevard Montmartre, dans le passage Jouffroy, un des quartiers les plus fréquentés de Paris ! Dans sa préoccupation pour la santé de ses concitoyens, M. Parandier affirme qu'il a été suffoqué par les émanations de ce gaz délétère, et cela, avant même qu'aucun essai de fabrication ait été tenté, avant que l'appareil ait fonctionné, ainsi que cela a été constaté par un procès-verbal de M. le Commissaire de police.

Un autre jour, M. Parandier se plaint d'avoir couru des dangers, dans des tranchées, des excavations, on s'étonne qu'il ne dise pas des précipices, creusés pour la rectification de la route départementale en voie d'exécution à l'entrée d'un des faubourgs de la ville, et qui présentait momentanément, dans ses raccordements avec les chemins voisins, une légère différence de niveau, qui n'entravait nullement la circulation, et qu'on pouvait, du reste, éviter facilement, en se détournant de quelques pas. Il invoque à l'appui de son assertion le témoignage de deux personnes qui ont besoin de faire appel à leurs plus lointains souvenirs pour se rappeler qu'à l'ouverture de cette voie, la voiture de l'une d'elles a heurté quelques pierres en cet endroit, mais sans le moindre accident.

Il est vrai que ces travaux ont lieu sur la route départementale qui conduit à la gare de Mesnay-Arbois, route honnie de M. Parandier, qui l'a vivement combattue sans succès, et qui ne peut se consoler de cet échec. La preuve en est qu'il revient encore sur ce chapitre dans une de ses dernières plaintes à M. le Préfet.

C'est pour en finir avec ces récriminations, et pour répondre à M. Parandier, qui, jusqu'ici, a entretenu seul le public de ce sujet, que je me suis décidé à publier ces pages, écrites déjà depuis quelque temps, et dont, par égard pour d'anciens rapports d'amitié avec M. Parandier, j'avais, il le sait, différé l'impression.

Elles pourront, au premier abord, paraître sans objet, puisque la route qui a le malheur de ne pas obtenir son assentiment est aujourd'hui entièrement achevée, ou peu s'en faut ; mais en racontant la lutte du *Tracé rouge* et du *Tracé bleu*, lutte presqu'aussi fameuse que celle de la *Rose-rouge* et de la *Rose blanche*, je mettrai en lumière un point de la question jusqu'ici resté dans l'ombre, qui fera toucher du doigt la cause de l'opposition persistante de M. Parandier.

Ensuite, après avoir exposé la situation exacte des finances de la ville, je ferai connaitre à mes lecteurs les raisons sérieuses qui ont motivé l'adoption du *Tracé rouge* conformément aux vœux exprimés par la masse des habitants et par le Conseil Municipal d'Arbois.

En allant d'Arbois à Mesnay, on aperçoit à mi-côte, sur la gauche, un joli château, sorti de terre comme par enchantement il y a un ou deux ans à peine ; il appartient à M. Parandier, Inspecteur général des Ponts-et-Chaussées.

Tourelles en encorbellement, flèches élancées, exposition au midi ; vue, d'un côté, sur la ville d'Arbois et la plaine qui s'étend jusqu'aux montagnes de la Bourgogne, de l'autre sur le riant vallon des Planches, rien ne manque à cette charmante habitation, si ce n'est le moyen d'y arriver.

Le même inconvénient se présentait pour la gare de Mesnay-Arbois, située immédiatement au-dessus, à mille mètres de distance environ, et qu'on ne pouvait atteindre, ainsi que le château de M. Parandier, que par des chemins de desserte, pierreux, à pentes escarpées, et dans lesquels une étroite voiture a de la peine à s'engager.

C'est pourquoi la décision ministérielle approbative de l'emplacement actuel de la gare du Franco-Suisse a voulu, comme l'a dit M. Parandier, que la rectification du Mont-de-Mesnay (route départementale n° 7, d'Arbois à Lausanne) fût faite de manière à toucher à ladite gare.

Des deux tracés étudiés par MM. les Ingénieurs du département pour remplir cette obligation, et qui tous deux partent d'Arbois, l'un, dit *Tracé rouge,* se dirige par la vallée de Vauxelles, en s'éloignant du château de M. Parandier, qu'il laisse sur sa droite ;

L'autre, dit *Tracé bleu,* touchant à Mesnay, traverse le vignoble des Nouvelles, passe à *l'entrée* de la propriété de M. l'Inspecteur général, pour se diriger de là, par un lacet, vers la gare qu'il atteint après un parcours plus long de 300 mètres que le *Tracé rouge.*

Le Conseil général du Jura, dans la session de 1860, avait alloué, pour la rectification sus-énoncée, une somme de 70,000 francs, insuffisante pour l'un ou l'autre tracé, se réservant d'approuver plus tard celui des deux pour lequel les communes intéressées à l'exécution de cette voie lui viendraient en aide ; c'est ainsi que cela se pratique habituellement dans ces sortes de travaux.

La population de la ville d'Arbois s'était émue à cette occasion ; une pétition couverte des signatures de la plus grande partie des habitants, demanda l'adoption du *Tracé rouge,* comme étant plus avantageux. En effet, au moyen du percement par la maison de Brevans, il relie le faubourg de Verreux à la place Napoléon, qui se trouve ainsi dotée de quatre grandes voies de communication, il a de plus l'avantage d'attirer au centre de la ville le commerce et la circulation, par une voie plus courte, et sans traverser de commune intermédiaire.

Le Conseil municipal, se conformant aux vœux de la population, n'hésita pas à se prononcer pour le *Tracé rouge,* et dans ses séances des 16 et 25 août 1861, vota la subvention communale demandée pour le complément de la dépense prévue par le devis des Ingénieurs.

Dans une séance postérieure, celle du 28 du même mois,

sur la demande du Conseil général, la ville prit en outre à
sa charge les dépenses nécessaires pour raccorder, par la
maison de Brevans, la grande place avec le pont de Verreux,
point de départ de la rectification de la route départementale en suivant le *Tracé rouge*.

En considération des sacrifices consentis par la ville d'Arbois, qui, *seule* offrait de concourir à la rectification du
Mont-de-Mesnay, le Conseil général, dans la session de cette
même année, adopta le *Tracé rouge* réclamé par les habitants
et le Conseil municipal de cette ville, portant son allocation
primitive de 70,000 à la somme de 75,000 francs.

Le 15 août 1862, le Conseil municipal d'Arbois, avec l'ad-
jonction des plus forts imposés, vota, sur la demande de M. le
Maire, un emprunt de 150,000 francs pour faire face tant à
la dépense du chemin de la gare qu'à celle nécessitée par
l'élargissement de la Grande rue et de la rue de Courcelles,
qu'il avait approuvé antérieurement.

Sur l'avis du Conseil général des Ponts-et-Chaussées, con-
forme au rapport de M. l'Ingénieur en chef du Jura, un décret Impérial déclara ces travaux d'utilité publique (1).

Dans sa séance du 20 septembre 1863, le Conseil municipal d'Arbois fixa le mode d'emprunt des 150,000 francs, et
une bonne partie des fonds fut immédiatement réalisée.

(1) M. Parandier prétend, à tort, que ce décret ne concerne que la
partie de la rectification comprise entre la gare et le pont de Verreux ;
M. le Ministre des travaux publics, appelé, sur la demande de M. le
Maire d'Arbois à s'expliquer à cet égard, a déclaré, par une dépêche en
date du 10 juin 1863, que ce décret s'appliquait également à la partie
comprise entre le pont de Verreux et la place Napoléon ; que la dis-
tinction de la ligne rouge pleine et de la ligne rouge pointillée,
sur le plan annexé au décret, n'avait d'autre objet que de faire connaître la partie des travaux à la charge de l'administration départementale, et celle concernant l'administration municipale d'Arbois.

Enfin, le 19 novembre 1863, après les formalités et les délais de rigueur, les travaux de la rectification projetée conformément au *Tracé rouge*, à la charge du département, furent adjugés par M. le Préfet du Jura à M. Chapelle, avec un rabais de 9 p. 100 sur la mise à prix.

A ce moment, il semblait qu'il n'y eût plus qu'à prendre la pioche et à se mettre à l'œuvre, mais M. Parandier ne l'entendait pas ainsi !

Après le vote de l'emprunt de 150,000 francs par le Conseil municipal d'Arbois, M. Parandier avait fait imprimer son opinion longuement motivée, pour lui démontrer qu'il avait tort d'être conséquent avec lui-même, en fournissant les moyens d'exécuter un tracé qu'il avait sollicité et obtenu.

Cette observation pouvait manquer de justesse, mais en revanche, elle avait le mérite d'arriver trop tard puisque le fait était consommé.

Pendant le temps que le dossier de cette affaire fut soumis au Conseil des Ponts-et-Chaussées, il serait impossible de dire combien de fois les pièces furent renvoyées à l'administration départementale du Jura et de là à la mairie d'Arbois. D'où venaient ces entraves? Je ne veux pas avoir l'air de le savoir; toutes les objections furent levées. Quoiqu'avec lenteur, les choses suivirent leur cours obligé, et la main de M. Parandier n'apparut de nouveau qu'après l'adjudication des travaux par M. le Préfet.

N'ayant pu empêcher l'adoption du *Tracé rouge*, tous ses efforts tendirent à en retarder l'exécution, « *non pas*, disait-» il, *pour suspendre l'effet du décret, mais pour en diriger la* » *réalisation de la manière la plus utile* » (1). Utile à qui? C'est ce que M. Parandier se gardait bien de dire, mais cela

(1) Lettre de M. Parandier à M. le Ministre des travaux publics en date du 12 février 1864.

se comprend de reste, car il demandait qu'on s'occupât seulement de l'exécution de la partie du chemin avoisinant la
gare, celle commune aux deux tracés, « *sauf à voir plus*
» *tard s'il serait commode et acceptable de faire une dévia-*
» *tion latérale et peu distante du tracé décrété..... ou s'il con-*
» *viendrait d'en revenir, comme je l'ai indiqué au Tracé*
» *bleu* » (1). Dans la première hypothèse, que M. l'Inspecteur général avait imaginée lui-même, il laissait entièrement de côté
les intérêts de la commune de Mesnay, son grand cheval de
bataille devant le Conseil général ; dans la seconde, en adop-
tant la percée de Brevans comme rectification de la rampe
Maizier, ce qui serait complètement ridicule, si l'on compare
le résultat à obtenir avec la somme que cela coûterait, il fai-
sait très-bon marché des finances de la ville, mais peu lui
importait, puisqu'on conservait la partie intermédiaire du
Tracé bleu, celle qui passe à la porte de sa propriété !

M. Parandier ne manquait pas de bonnes raisons, suivant
lui, pour appuyer sa manière de voir : « *Les opinions, dans*
» *la ville, s'étaient modifiées, et une opposition considérable*
» *s'était prononcée contre les dépenses énormes aux frais de*
» *la ville; le Conseil municipal, qui en était effrayé, était dé-*
» *cidé, lui assurait-on, à n'y pas souscrire* » (2). Il fournis-
sait comme preuve : « *une lettre de l'un des plus notables*
» *propriétaires, membre du Conseil municipal, et probable-*
» *ment le plus modéré* » (3). Eh bien! il n'y a qu'un petit mal
à cela, et c'est fâcheux à dire, pendant que M. l'Inspecteur
général, trompé, j'aime à le croire, par des renseignements

(1) Même lettre.

(2) Lettre de M. Parandier à M. le Ministre des travaux publics en
date du 1er février 1864.

(3) Lettre de M. Parandier à M le Ministre des travaux publics en
date du 12 février 1864.

erronés, se berçait de cette illusion, le Conseil municipal d'Arbois, dans sa séance du 12 février 1864 (1), acceptait les offres d'indemnités qui lui étaient faites pour la cession des terrains communaux qui devaient servir de passage à la route de la gare, et dans celle du 29 du même mois, il confirmait, sur une nouvelle demande de M. le Préfet, sa première décision qui avait opté pour le *Tracé rouge* dirigé sur Verreux par la maison de Brevans, donnant ainsi une nouvelle sanction aux dispositions projetées et arrêtées par le décret Impérial.

En présence de ces faits, de ces échecs successifs, quel pouvait être le motif de l'insistance de M. Parandier à soutenir une cause tant de fois jugée et perdue? N'est-il pas, comme beaucoup de personnes le disent, aveuglé dans cette question par un intérêt personnel? En effet, le *Tracé bleu*, qui devait passer à sa porte, lui eût procuré un accès commode et facile pour sa propriété qui en est dépourvue, comme je l'ai dit; tandis que la *Tracé rouge* l'oblige à se construire à ses frais un chemin coûteux, qui n'est pas impossible, mais sera toujours fort rapide, s'il veut communiquer directement avec la ville d'Arbois.

Je sais bien que M. Parandier allègue un autre motif de l'opposition à outrance qu'il fait au *Tracé rouge.*

Prenons sa propre déclaration :

« *Ma conscience d'Arboisien, d'Ingénieur, de membre du* » *Conseil général, me presse dans une circonstance qui peut* » *devenir très-grave pour les finances de la ville* » (2).

Sur ce terrain je me trouve encore bien plus à mon aise pour combattre M. Parandier.

(1) Juste le jour de sa 2ᵉ lettre à M. le Ministre des travaux publics.

(2) Voir les observations préliminaires de ses observations nouvelles.

Félicitons-le, avant tout, d'avoir tant de consciences dans un temps où, dit-on, on en a généralement si peu, et demandons-lui pourquoi il intervient dans cette question comme Ingénieur? Quelles fonctions remplit-il, en cette qualité, dans le département du Jura? Aucune que je sache! Sa conscience d'Ingénieur, s'il pensait qu'elle pût être en jeu, me semble tout à fait à couvert sous la responsabilité de M. l'Ingénieur en chef de Lons-le-Saunier, qui avait étudié ou fait étudier et approuvé le *Tracé rouge*...

M. Parandier dit bien quelque part, dans une de ses notes (1), que M. l'Ingénieur en chef Sirodot lui a écrit qu'il préférait le *Tracé bleu*; mais outre que chacun comprend ce qu'il faut attacher d'importance à la lettre polie d'un Ingénieur à son collègue, peut-être même à son supérieur, la préférence de M. Sirodot n'a rien à faire ici, du moment qu'il a approuvé les deux tracés. Il s'agit d'intérêts différents qui étaient en présence devant le Conseil général; M. Parandier avait là, non seulement le droit, mais le devoir de donner son avis sur des travaux de sa compétence à exécuter dans le canton qu'il représente. Il était parfaitement dans ses attributions en discutant devant le Conseil général le choix du *Tracé rouge* et du *Tracé bleu*; aussi ne s'en est-il pas fait faute. Il y a soutenu le *Tracé bleu* avec son talent et son éloquence habituelle, ce qui n'a pas empêché le Conseil général d'adopter immédiatement et à l'unanimité, moins sa voix, le *Tracé rouge,* après quelques courtes observations de M. le Maire d'Arbois, son collègue.

Honneur au courage malheureux !

On se demande aussi si c'est bien sérieusement que M. Parandier a parlé du préjudice causé aux intérêts horticoles et industriels du vallon supérieur de la Cuisance par l'adoption

(1) Observations nouvelles, page 8.

du *Tracé rouge*. Quand on pense que cette industrie se compose d'une papeterie, et que ces populations de quelques centaines d'habitants n'ont qu'un kilomètre de plus à faire, par une excellente route en plaine, pour rejoindre le *Tracé rouge* à la métropole du vallon (je me sers de l'expression de M. Parandier), est-ce vraiment un obstacle de cette force qui peut arrêter la création d'usines sur notre cours d'eau ? On est plutôt tenté de rire de l'étalage des grands mots de M. l'Inspecteur général, à l'occasion de si petites choses !

Toute la question se réduisait donc à savoir si la ville d'Arbois était en position de faire les dépenses auxquelles elle s'était obligée pour obtenir la route de son choix.

A cet égard je crois la conscience d'Arboisien de M. Parandier beaucoup moins alarmée qu'il ne voulait en avoir l'air sur la situation de nos finances. D'abord il n'affirme rien, il se renferme dans des phrases vagues et banales. « *Je n'ai pas* » *rencontré une seule personne qui ne fût effrayée de la dé-* » *pense énorme que l'exécution complète du tracé décrété va* » *faire tomber à la charge de la ville* » (1). Eh bien ! c'est jouer de malheur. M. Parandier n'avait qu'à interroger le premier membre venu du Conseil municipal, qui n'a pas craint, lui, de voter cette dépense, après avoir pris connaissance du montant des devis, et des ressources destinées à y faire face.

M. Parandier parle bien du chiffre de 150, 160 mille francs que doivent coûter ces travaux (2) ; mais basé sur quoi ? Sur rien... un chiffre en l'air, comme il aurait dit 200 ou 500 mille francs ; car il n'y a eu de devis étudié que par les Ingénieurs, devis qui ne s'élève qu'à 110 mille francs, et encore comprend-il une somme de 20 mille francs pour l'imprévu.

(1) Observations nouvelles, page 8.

(2) Observations nouvelles, page 6.

Le *Tracé bleu* eût moins coûté, ajoutait M. Parandier, 5000 francs seulement. — Beaucoup moins que cela, M. l'Inspecteur général, absolument rien ! — La ville d'Arbois n'eût pas été assez mal inspirée pour payer de sa bourse un chemin qui ne la satisfaisait pas, et qui se fût fait sans sa participation. Une bonne administration ne consiste pas à dépenser le moins possible, mais à dépenser à propos ; c'est un principe élémentaire en finances, que M. Parandier devrait connaître bien mieux que moi.

J'ajouterai que, malgré toute l'estime que j'ai pour le mérite de M. l'Inspecteur général, il est quelqu'un en qui j'ai plus de confiance qu'en lui, alors même qu'il s'agit d'une route à ouvrir; ce quelqu'un, c'est l'ensemble des habitants d'une ville, qui ne se trompent guère lorsque leurs intérêts sont en jeu.

Je crois M. Parandier plus que modeste lorsqu'il dit : « *que les détails de la situation financière lui échappent* » (1). Allons, M. l'Inspecteur général, vous êtes plus instruit que vous ne voulez le paraître ; vous, membre du Conseil général, vous n'ignorez pas qu'un maire ne peut, à son gré, dissiper follement les finances d'une ville, à supposer même qu'il trouvât des complices dans MM. les Conseillers municipaux, et certes ce n'est pas ici le cas, car vous savez parfaitement que M. le Comte de Broissia et ses Conseillers, à l'époque où cette question se discutait, ne passaient pas, à tort ou à raison, pour faire toujours très-bon ménage. En eût-il été autrement, M. le Préfet, tuteur de la commune, lui qui, depuis qu'il est à la tête de notre département, a donné tant de preuves d'une sollicitude éclairée pour ses administrés, n'était-il pas là pour s'opposer à toute dépense exagérée ?

Voici qui est plus fort : Il est à votre connaissance person-

____

(1) Dernière note C des observations nouvelles.

2

nelle, car c'est de votre ressort, que S. E. le Ministre des travaux publics n'a donné sa sanction à l'exécution du *Tracé rouge* qu'après avoir reçu de S. E. le Ministre de l'intérieur, sur la demande du Conseil général des Ponts-et-Chaussées, l'assurance de la possibilité où se trouvait la ville d'Arbois de faire honneur aux engagements qu'elle contractait.

Auriez-vous encore quelques doutes à cet égard ? Je vais entrer dans des détails qui les lèveront tout à fait, je l'espère.

Je n'ai pas l'honneur de faire partie du Conseil municipal, et je ne suis pas personnellement au courant des affaires de la ville d'Arbois. Pour être renseigné sur l'état de ses finances, je ne me suis point adressé aux premières personnes qu'on rencontre dans la rue ; j'ai appris, à vos dépens, combien, en agissant ainsi, on s'expose à être trompé ; mais voici ce que des personnes compétentes m'ont assuré, et chacun peut en vérifier l'exactitude.

La ville d'Arbois, dont on a, devant vous, tant blamé l'administration, a fait, depuis que M. le Comte de Broissia est Maire, de grandes et nombreuses améliorations ; elles sont dues, il est vrai, pour partie à des souscriptions particulières, mais surtout aux sommes considérables que, par ses démarches et son crédit, M. le Maire a obtenues du Gouvernement de l'Empereur et sur les fonds départementaux. Aussi, indépendamment du percement de la rue de Faramand, de l'établissement des trottoirs, de la construction de la Salle d'Asile, de la création d'une bibliothèque publique et d'une station télégraphique, il a été possible, non seulement d'acquitter ce qui restait des anciennes dettes de la ville au moment où M. de Broissia en a pris l'administration, plus de 30,000 francs, mais encore de faire face, avec des économies réalisées dans ces dernières années sur les recettes ordinaires, à la reconstruction du pont de Grezin, montant à

8,400 francs environ, et d'affecter, en outre, une somme de 12,000 francs aux réparations de l'Hôtel-de-Ville.

Croyez-vous, d'après cela, qu'il sera bien difficile de rembourser en trente ans, comme la ville s'y est engagée, et rien qu'avec les ressources de son budget ordinaire, qui lui laisse chaque année environ 10,000 francs d'excédent, les 150,000 francs qu'elle a été autorisée à emprunter pour la route de la gare du haut et l'élargissement des rues dont j'ai parlé ci-devant ?

Elle a de plus, pour subvenir à d'autres dépenses non moins urgentes, telles que l'abattoir qui vient d'être reconstruit presqu'en entier avec le pont avoisinant, l'éclairage au gaz qui aura lieu incessamment, la réparation de ses fontaines, l'acquisition d'un champ de foire réclamé par la population, et celles qui pourront encore se présenter, tous ses quarts de réserve qu'elle laisse intacts, et qui sont, comme vous ne manquez pas de le savoir, de 410 hectares, dont 114 (coupes de 1828 à 1831) (1) sont en partie réalisées, et les autres, à réaliser de suite, produiront, au minimum, de 90 à 100 mille francs.

On peut avec cela, je crois, attendre patiemment la nouvelle évolution de la réserve, qui commencera en 1873, et fera entrer, presque d'année en année, dans les caisses de la ville, en une période de trente ans, une nouvelle somme de trois cents à trois cent cinquante mille francs !

Cette situation est-elle assez belle, assez prospère, quoi qu'en disent les détracteurs de l'administration actuelle,

---

(1) Il est à remarquer qu'il est urgent, au point de vue forestier, de régénérer le plus tôt possible ces taillis de 37, 38 et 39 ans, si l'on veut que les souches conservent la faculté de produire des rejets, faculté qu'elles perdent entre 40 et 50 ans.

excités par une mesquine jalousie dont il est plus que temps de faire justice ?

Etait-ce donc le cas de se faire, comme vous l'avez fait, l'écho de bruits malveillants pour ne pas dire plus, de crier : « *que le feu est aux finances de la ville* » (1). Ce sont là de vieilles machines de guerre avec lesquelles on a pu tromper le public aux élections municipales de 1860, mais qui aujourd'hui n'abusent plus personne, car elles n'ont pas empêché M. le Maire de passer, aux élections de cette année, à la tête de sa liste entière, avec la presque unanimité des suffrages (1000 voix sur 1050) tandis que vous n'en obteniez vous-même que 25 !

Quand le budget ordinaire se solde, chaque année, par un excédent de recettes d'environ 10,000 francs, quand on possède de pareilles ressources extraordinaires, convenez qu'on a bien tort de dire, comme vous l'avez fait, « *que la* » *ville est écrasée de besoins urgents* » (2). C'est un mauvais moyen jeté en avant pour le besoin d'une mauvaise cause !

On peut au contraire envisager tranquillement l'avenir ; pourvoir, ainsi que vous le dites, (toujours dans votre dernière note C) non seulement à l'indispensable qui reste à faire, mais travailler encore, comme dans cette circonstance, à l'embellissement de notre ville, qui, j'en conviens avec vous, en a grand besoin. Aussi chacun devrait y contribuer dans la limite de ses moyens ; à cet égard, M. l'Inspecteur général, n'avez-vous rien à vous reprocher? Si j'ai vanté le bon goût de votre château des Tourillons, je regrette de ne pouvoir en dire autant des constructions et réparations de votre maison de ville ; il faudrait bien des monuments de

(1) Note C des observations nouvelles.

(2) Lettre de M. Parandier au Ministre des travaux publics, en date du 12 février 1864.

l'ordre d'architecture que vous avez inauguré au Prieuré avant de nous attirer l'admiration des étrangers et des connaisseurs.

Si vos gémissemehts sur la situation financière de la ville ne sont pas fondés, vous n'êtes guère plus heureux dans vos autres attaques. Y a-t-il vraiment justice de votre part à venir harceler l'administration à propos de l'emplacement d'un abattoir, à la reconstruction duquel vous savez que le Maire seul s'était vivement opposé, et qui n'est là que de par l'autorité de l'ancien Conseil, et de vos adhérens en particulier?

Il faut être bien dépourvu de reproches sérieux pour déblatérer contre de dangereuses tranchées que deux hommes sont parvenus à combler en moins d'une heure de travail !

Vraiment ce n'est pas le cas de chercher à mettre des entraves à l'apparition du gaz, quand tout prouve que nous avons bien besoin d'être éclairés, tous tant que nous sommes, M. l'Inspecteur général.

Je termine, d'accord toutefois avec vous sur un point, c'est que le feu était quelque part, non pas aux finances de la ville, comme vous l'avez écrit (1) ; où donc, me direz vous ? Il était à vos vaisseaux que vous brûliez en publiant votre dernière brochure, pour essayer de sauver un lambeau de votre *Tracé bleu* !

Hélas ! il ne vous reste plus qu'à vous jeter à la nage, pour regagner le *Tracé rouge*, que vous avez tant combattu et avec un si grand désintéressement puisque vous prétendez, à la grande hilarité de tous ceux qui connaissent les lieux, que c'est celui qui convient le mieux à vos intérêts ; c'est bien alors le cas de dire que toujours la vertu porte avec elle sa récompense.

(1) Note C des observations nouvelles.

Si vos arguments, mon cher compatriote, eussent eu quelque fondement, ce que je conteste, c'était au début de la
question qu'il fallait les produire, lorsque le Conseil municipal vous appela dans son sein, pour s'éclairer de votre expérience. Pourquoi vous contentâtes-vous alors de tenir la
balance entre les deux tracés, vous réservant sans doute,
in petto, de faire adopter, par votre haute influence, celui
que vous désiriez? Pourquoi vos objections contre le *Tracé
rouge* ne sont-elles sorties de votre cerveau qu'au moment
où les fondations de votre château sortaient elles-mêmes de
terre? Cette fâcheuse coïncidence leur enlève aujourd'hui
toute valeur et en sera à jamais la condamnation.

Adolphe **PETITJEAN**.

Lettre de M. PETITJEAN à Madame PARANDIER, du 2 mars 1864.

Madame,

Après un séjour de plus de deux mois dans les Pyrénées, me voici revenu au milieu de mes compatriotes ; pourquoi faut-il que la joie du retour ait été immédiatement troublée par une circonstance qui m'engage à vous écrire aujourd'hui?

Vous connaissez, Madame, toute mon amitié pour M. Parandier ; j'ai appris avec un vif regret les nouvelles démarches faites par lui dans l'affaire du chemin de la gare de Mesnay, démarches dont probablement vous n'avez pas eu connaissance. Déjà, vous le savez, nous nous sommes plusieurs fois expliqués amicalement sur l'attitude que nous l'avons vu, avec peine, prendre dans cette question, où, quoi qu'il fasse ou dise, il sera toujours soupçonné d'agir par des motifs d'amour-propre, sinon d'intérêt personnel, ainsi le veut la situation dans laquelle il est placé, au dire des personnes qui lui sont le moins hostiles.

Il est triste pour nous, ses amis réellement dévoués, de le voir, s'appuyant sur des renseignements erronnés, s'exposer à recevoir, en plein Conseil municipal, par une délibération prise à l'unanimité, comme cela a eu lieu ces jours derniers, des dénégations formelles aux objections présentées par lui dans des rapports dont on cherche vainement la raison d'être.

Elle est surtout inexplicable pour nous, qui connaissons les termes bienveillants dans lesquels M. Parandier devrait être avec M. de Broissia. Etait-ce donc le cas de galvaniser des discussions enterrées, et capables de donner de l'ennui à ce dernier, si la lumière ne s'était faite complétement dans le Conseil municipal et dans la population sur cette éternelle question du tracé rouge et du tracé bleu, malgré tous les nuages dont on a cherché à l'obscurcir.

L'amitié, Madame, a quelquefois de pénibles devoirs à remplir. Je croirais y manquer en ne faisant pas connaitre à M. Parandier ce qui se passe ici, et en lui taisant mon opinion, qui, je le crois, est celle de la plupart des personnes qui lui portent un véritable intérêt. Si je ne lui adresse pas directement ces réflexions, c'est qu'entre hommes elles ont toujours quelque chose de plus irritant, et qu'elles feront plus d'impression sur lui venant d'une bouche aimée.

Quand on fait une installation comme celle que M. Parandier prépare dans ce pays, c'est avec la pensée d'y revenir un jour ; mais qu'importe d'avoir occupé des positions élevées, si, quand l'heure de la retraite a sonné, les mains qui devraient vous être tendues se détournent de vous? . . . . .

. . . .

A l'âge de votre mari et au mien, on fait difficilement de nouvelles liaisons, mais on se sépare avec encore plus de peine de ses vieux amis ; c'est ce qui me fait désirer voir M. Parandier s'arrêter sur la pente où il me paraît engagé, et réparer par des moyens qu'il ne manquera pas de trouver et dont il est seul juge, le tort qu'il peut s'être fait dans l'affection et l'esprit de ces concitoyens, il en est temps encore, et je l'en conjure de tout mon cœur.

J'ose espérer, Madame, que vous voudrez bien prendre en bonne part ces observations dictées par la plus sincère amitié, et qu'elles ne feront que resserrer les liens d'une affection, que, pour moi, je verrais se rompre avec beaucoup de peine.

C'est dans ces sentiments, Madame, que je vous prie de vouloir bien agréer mes hommages respectueux (1).

Adolphe PETITJEAN.

---

(1) Cette lettre n'était pas écrite pour être produite en public, des imputations mensongères me forcent à la faire connaitre.

RÉPONSE

A UN LIBELLE [1]

Nous avons lu avec douleur un pamphlet où la passion
déborde, lancé par un de nos compatriotes contre un autre
de nos compatriotes que son grand mérite, sa position élevée,
son caractère honorable et l'affectueux dévoûment dont il a
donné tant de preuves à sa ville natale, nous font avec raison aimer et respecter.

Nous ne voulons pas relever le nom du pamphlétaire ni
essayer de défendre notre ami contre les sarcasmes et les injures de son adversaire. M. Parandier, qui est le fils de ses
œuvres, qui n'a dû tous ses succès qu'à de laborieux efforts
secondés par une intelligence hors ligne, que ses nombreux
et importants travaux ont fait avantageusement connaitre dans
une foule de départements, dont le cœur s'est toujours tenu
au niveau de l'intelligence, dont l'humeur douce et sympa-
thique n'a rencontré partout que des amis et ne pouvait lui
créer aucun ennemi, M. Parandier ne saurait être blâmé, in-
jurié par qui que ce soit. Il est trop haut placé dans l'estime
publique pour que l'humble voix d'un pamphlétaire puisse

(1) Le lecteur verra si ce n'est pas à *la Réponse* que la qualifica-
tion de Libelle revient à justé titre.

monter jusqu'à lui et troubler sa sérénité. La disproportion de la taille et des forces rendra toujours ces attaques ridicules. Tom-Pouce ne saurait prendre un géant corps à corps (1).

Sans vouloir rechercher ici le vrai mobile de l'auteur du pamphlet, ni qualifier comme chacun l'a fait le caractère et la portée intentionnelle de cette œuvre (2), disons d'abord quelques mots sur le ton et le style qui y règnent.

On y voit d'un bout à l'autre des prétentions à l'esprit, et des efforts soutenus, mais peu heureux, pour en orner chaque page.

A ce sujet nous nous permettrons de rappeler à Messieurs les faiseurs d'esprit, ou se prétendant tels, ce qu'on a dit déjà depuis longtemps et avec justesse. En France l'esprit court les rues (3); depuis le chiffonnier, l'ivrogne, le bateleur et la dame de la halle jusqu'au vaudevilliste, au journaliste, à l'avocat et à l'orateur politique, il sort de toutes les bouches, de tous les écrits; c'est une marchandise devenue si commune que, quand elle ne se distingue pas *par la qualité*, le public à qui on l'offre ne daigne pas même, en passant, l'honorer d'un sourire.

Ce public chaque jour plus éclairé, plus délicat, plus exigeant, impose aux faiseurs d'esprit des conditions de plus en plus rigoureuses, et qu'il leur est trop souvent impossible

---

(1) Malgré ce que j'ai dit dans ma préface, certes, en voyant ce début, personne ne croira, pas même moi, que cet écrit soit de M. l'Inspecteur général des Ponts-et-Chaussées. Bien que ce soit un usage assez répandu aujourd'hui de faire soi-même son éloge, en vertu de cette maxime : « On ne vaut que ce qu'on se fait valoir, » c'eût été vraiment abuser par trop de l'encensoir au détriment de son nez.

(2) Voir à ce sujet ma lettre du 2 mars 1864 à Madame Parandier.

(3) L'auteur de la *Réponse à un Libelle* aurait bien fait d'en arrêter quelque peu au passage, dans l'intérêt de ses lecteurs.

de remplir. Il n'admet comme esprit ni les invectives, ni les injures (1), ni les imputations absurdes, ni l'ironie grossière, ni la manifestation trop crue de la passion, — *envie* ou *haine* (2). Tout au moins veut-il que celles-ci se déguisent quelque peu et tentent de se faire accueillir par l'urbanité de la forme, par la finesse de l'expression, par des appréciations critiques puisées dans le sentiment général.

Aussi l'esprit de bon aloi, celui-là que chacun recherche avidement et goûte avec délices parce qu'il porte de suaves aromes dans tout l'être moral, et fait vibrer de douces harmonies dans l'intelligence, cet esprit-là est-il fort rare, si rare même que ceux qui ont la prétention d'en faire n'aboutissent la plupart du temps qu'à en exciter le désir chez leurs lecteurs non satisfaits (3). Il faut être bien fort et bien sûr de soi pour oser se lancer dans cette voie ardue et dangereuse et pour en sortir victorieusement. Mieux vaut donc, quand on est confondu, comme l'auteur du pamphlet, dans cette foule d'écrivains plus que médiocres qui, pour nous servir d'une expression fort bien à sa place ici, font de tous côtés gémir la presse, mieux vaut borner ses prétentions à être convenable, judicieux, sincère et vrai.

Dieu nous garde de vouloir tracer ici à l'auteur du pamphlet des règles sur l'art d'écrire! Les réflexions qui précèdent ne sont pas de nous, mais nous les avons trouvées justes et nous nous les sommes appropriées. Libre à lui d'en faire autant. Quand à nous, qui nous rangeons très-humblement dans l'immense foule dont nous venons de parler, et, si cela

(1) Avis à l'auteur de la *Réponse à un Libelle.*

(2) Revoir ma lettre du 2 mars 1864 à Madame Parandier.

(3) Très-jolie pensée; l'auteur déclare un peu plus loin qu'elle n'est pas de lui, il n'avait pas besoin de le dire.

peut le flatter, assez loin après lui (1), nous ne pouvions en vérité songer un seul instant à donner l'ombre même d'un avis à un écrivain qui s'est cru de force à écraser par un libelle un homme de la valeur de M. Parandier.

Mais supposons encore que l'auteur ait été plus heureux dans ses efforts; que l'esprit scintille à chaque phrase du pamphlet et arrache à ses lecteurs, même malgré eux, ce rire de bon goût qui du moins porte à excuser, en dépit de la raison et de la conscience, les écarts du jugement, l'inexactitude des assertions, la malveillance des intentions. Nous nous demanderions alors comment cet écrivain, décidément spirituel, mais qu'aucun travail tant soit peu sérieux n'a jamais signalé dans aucun genre, — lettres, sciences, arts, administration; — qui n'a jamais traité que les sujets les plus frivoles; dont les œuvres n'ont été produites que sur ces modestes planches où brillent Arlequin et Colombine, où triomphent Pierrot, Jocrisse et Cie (2); dont les créations les plus relevées ne sont que la reproduction de cette froide logomachie de boudoir qui affadit le cœur et déprime l'intelligence, a pu perdre le sens au point d'aborder un sujet qui exige les connaissances théoriques et pratiques de l'ingénieur, du savant, de l'artiste, de l'administrateur, et d'entreprendre une attaque contre M. Parandier qui, s'il n'a jamais visé à l'esprit,

(1) C'est modeste, mais nous n'en serons pas plus fier.

(2) L'auteur, qui cependant paraît se connaître en arlequin et en pierrot, confond le théâtre des Funambules avec le Gymnase, le Vaudeville, les Variétés, le Palais-Royal, scènes sur lesquelles nous avons fait, dans notre jeunesse, représenter quelques bluettes, sans importance à nos yeux, puisque nous n'y avons pas mis notre nom. Nous ne pensons pas que ce soit un grand crime. En tous cas, d'après son œuvre et son style, nous offrons de parier que jamais l'auteur de la *Réponse à un Libelle* ne s'en est rendu coupable.

ñi amusé de ses bluettes quelques oisifs dans des salons de petites villes, possède des connaissances très-étendues sur ce même sujet et y a consacré toute sa laborieuse existence.

Nous voudrions pouvoir établir un parallèle exact et complet entre ce pamphlétaire et l'homme honorable et distingué dont il a cru faire sa victime. Mais comment placer en regard l'un de l'autre ces deux hommes qui, dans toute leur carrière, déjà longue, n'offrent que le plus frappant contraste? L'un, brillant élève de l'école polytechnique, parvenu par son mérite au grade le plus élevé dans une administration qui ne compte que des hommes d'élite, travailleur infatigable, auteur d'une partie de ces grands travaux qui ont tant contribué au développement de la richesse publique, modèle des vertus privées, citoyen dévoué à son pays, passionné pour sa ville natale à qui il laissera très-probablement la plus large part d'une fortune acquise par plus de quarante années de labeurs! cœur généreux et ami sûr (1). L'autre... Mais, pour continuer, il faudrait fouiller sa vie (2). Nous voulons rester et paraître

(1) Nous persistons à croire que ce n'est pas M. l'Inspecteur général des Ponts-et-Chaussées qui a écrit cela, et nous le regrettons dans l'intérêt de notre ville à qui l'on fait de si belles promesses! mais la parole d'un anonyme ne l'engage pas beaucoup.

(2) Nous sommes en France pas mal de millions d'hommes qui, pour n'être pas sortis de l'école polytechnique, et pour avoir mené pendant vingt ans dans de modestes travaux, une existence obscure, ne pensons pas qu'on soit en droit, pour cela, de demander notre tête! Libre à vous, du reste, M. l'Inspecteur général des lignes télégraphiques, de fouiller dans ma vie sans points ni réticences, vous n'y trouverez rien dont un honnête homme ait à rougir; pas même des faits analogues à ceux relatés dans des jugements du tribunal civil d'Arbois en date des 22 décembre 1859, 16 janvier 1864, et dans un arrêt de la cour de Besançon du 22 avril 1864, que des lecteurs plus curieux que moi pourraient être tentés de consulter.

modéré; n'allons pas plus loin. Tout parallèle est d'ailleurs impossible, parce qu'aucun rapport n'existe entre les deux sujets à comparer et que l'un n'est que l'antilogie de l'autre. Bornons-nous à faire observer qu'il est des existences pour lesquelles l'obscurité, l'isolement et le silence sont des conditions rigoureuses de paix avec l'opinion publique et qu'il y a péril à l'oublier (1).

Arrêtons-nous maintenant sur quelques passages du pamphlet.

L'auteur débute en disant que M. Parandier n'assistait pas à la séance du conseil général où a été votée l'allocation de 17,000 fr. destinée à faciliter l'accès de la route de Ferrières, et il le dit de manière à faire croire que ce vote a contrarié M. Parandier. Pour un homme d'esprit ou qui croit l'être, c'est débuter bien gauchement. Quoi! jeter, dès les premières lignes, cette grossière bourde à la face de ses lecteurs! Cela a-t-il du sens? Qui croira que M. Parandier, qui a provoqué tous les votes du conseil général en faveur de la ville et de la route de Ferrières, ait pu s'opposer à ce que le département dégageât l'entrée de cette route? M. Parandier a donné (plusieurs d'entre nous le savent) un démenti formel à ces ridicules et absurdes insinuations (2). Il a eu tort, elles ne méritaient, certes, pas d'être relevées.

Remarquons que le principal sujet traité dans le pamphlet est complétement épuisé, puisque les travaux sont en cours d'exécution depuis plus d'un an et tarderont peu à être terminés. Quelle nécessité, quelle utilité dans ces vues rétrospec-

---

(1) Oh! en écrivant ce passage, M. l'Inspecteur général des lignes télégraphiques ne l'a certainement pas lu... ou pas compris! Est-il quelqu'un à qui il soit plus applicable qu'à lui ?

(2) Tout mauvais cas est niable.

tives (1)? Convient-il de raviver les mécontentements de toute
la partie haute de la ville, du faubourg de Champerroux et
de cette importante commune de Mesnay dont les maisons
font suite à celles du faubourg? de remettre sur le tapis les ar-
dentes discusions qu'ont soulevées ces percées de rues dis-
gracieuses et incommodes, ce bouleversement de voies de
communications établies depuis un temps immémorial, ces
dépenses excessives que réclamaient de préférence l'établissement si urgent d'un champ de foire, la construction de la-
voirs publics, et surtout la réparation des grands chemins
ruraux d'exploitation du territoire, devenus impraticables?
Toutes ces discussions, si vives et si générales il y a à peine
un an, semblaient endormies, sinon éteintes. Pourquoi les
réveiller (2) alors que les convictions individuelles n'ont pas
varié et qu'elles tendent plutôt à se propager qu'à diminuer
en nombre? Pourquoi, enfin, tenter de faire renaître une
situation dont les premiers et les plus sûrs effets sont de
maintenir de regrettables divisions, d'engendrer des haines et
de compromettre ainsi les intérêts de la commune? L'auteur
du pamphlet aurait-il donc besoin d'une agitation permanente,
pour distraire et amuser ses trop longs loisirs (3)?

Nous comprenons fort bien que cet auteur, qui n'a jamais

(1) Je l'indique dans l'avant-propos de ma brochure, fin de la page
4 et page 5. Mais pour la réfuter vous ne l'avez sans doute pas lue,
du moins on est tenté de le croire.

(2) Vous répétez ce que je disais déjà dans ma lettre à Madame Parandier, 2 mars 1864, et ce n'est pas nous qui avons entretenu le feu.

(3) Rassurez-vous, M. l'Inspecteur général des lignes télégraphiques, cette agitation, qui n'existe du reste que dans votre tête, n'ira
jamais jusqu'à compromettre mes concitoyens, à les forcer d'aban-
donner leurs familles, de s'expatrier, comme celle excitée en 1834,
dans notre malheureuse cité, sauriez-vous par qui?

été membre ni du conseil général, ni même du conseil munici.
pal de sa ville natale, où il n'a cessé de résider (1), ait tracé
un exposé très-inexact des diverses et nombreuses phases par
lesquelles ont passé les deux chemins antagonistes, et nous
voulons bien croire que ses erreurs proviennent seulement
de son ignorance. Si M. Parandier jugeait à propos de redresser celles-ci, ce que nous sommes loin de lui conseiller,
avec quelle facilité il en renverserait tout l'échaffaudage (2).

Remarquons, du reste, que la question, bien que compli-
quée d'une foule d'incidents et de détails, n'en reste pas moins
fort simple dans son ensemble. Il ne s'agit, en effet, que de
savoir si M. Parandier avait ou non des motifs suffisants et
raisonnables, ou même seulement spécieux, pour préférer le
tracé bleu au tracé rouge. Ces motifs peuvent être résumés
comme il suit :

1° Sans compromettre aucun des intérêts qu'est venu favo-
riser exclusivement le *tracé rouge*, le *tracé bleu* maintenait le
mouvement commercial sur la voie importante de communications qui traverse la ville dans toute sa longueur, relie à
Arbois le bourg de Mesnay et dessert les territoires de tout le
vallon.

2° Le *tracé bleu ne coûtait rien à la ville*, tandis que l'autre engageait ses finances dans des dépenses énormes et assurément peu fructueuses (3).

(1) Sauf un tout petit intervalle de 30 ans (1820 à 1850) pendant
lequel j'ai habité Paris sans interruption. Bagatelle dans la vie d'un
homme !

(2) C'est plus facile à dire qu'à prouver, puisqu'on ne l'a pas fait.

(3) Une pétition de plus de 3000 habitants a demandé le tracé rouge;
les finances de la ville permettaient de faire cette dépense, et la
preuve c'est que le Conseil municipal et l'autorité supérieure l'ont
autorisée.

De bonne foi, si la population d'Arbois avait aujourd'hui à se prononcer sur ces motifs, pense-t-on qu'elle les jugerait sans valeur ?

Que l'opinion de M. Parandier, qui contrariait quelques intérêts et surtout des amours-propres (1) fort légèrement engagés dans la querelle, n'ait pas prévalu, grâce peut-être à une tactique habile mais pas toujours approuvable, (2) ce n'est pas ce qui est à considérer ici ; il s'agit seulement de savoir si elle était sincère et si les motifs qui l'avaient déterminée étaient de nature à exciter sérieusement chez M. Parandier, juge compétent en pareille matière, des craintes sur l'utile emploi des ressources municipales.

Réduite à ces termes, la question, en ce qui concernait personnellement M. Parandier, ne pouvait laisser aucun doute. Pour tout le monde, il était *convaincu* ; pour le plus grand nombre, il était *dans le vrai.*

Mais ce n'était pas ainsi que l'entendait l'auteur du pamphlet, qui nous crie sur tous les tons et à chaque page : « Vous » ne voyez donc pas, aveugles que vous êtes, que M. Paran- » dier ne s'est inspiré dans toute cette affaire que de son » intérêt très-personnel. Comment ! Il bâtit un château à mi- » côte, sur des rocs escarpés, et il n'a pas de chemin pour » y arriver ! Ne faut-il pas dès lors que la rectification de la » route n° 7 passe par là et le conduise par une pente douce » jusqu'à sa porte ? Voilà le vrai et seul motif qui l'a fait » agir » (3).

---

(1) Quels intérêts ? Quels amours propres ?

(2) Allégation calomnieuse, comme la précédente, pour pallier une défaite.

(3) Vous dites, comme Polichinelle, la vérité en riant ; on n'est pas bon juge dans sa propre cause.

Nous avons ici un triste aveu à consigner ; c'est que pareille accusation, répandue sourdement et avec art depuis plus de deux ans, a trouvé auprès de bon nombre de nos compatriotes un accueil qui dénoterait chez eux une simplicité, une ingénuité contre lesquelles nous les engageons à se tenir bien en garde puisqu'il est aussi facile d'en abuser.

Cette accusation, après avoir longtemps cheminé dans un réseau ténébreux où elle pouvait au besoin se dissimuler sous le manteau de l'anonyme, se produit aujourd'hui au grand jour, formulée nettement par un éditeur responsable. Nous ne nous attendions ni à tant d'assurance et d'audace dans la calomnie, ni à si peu de discernement quant à l'opportunité du procédé. Mais quoi ! calomnie, venons-nous de dire ? Non, nous nous trompons cette fois sur Basile : Basile est sincère et sa plume a traduit fidèlement sa pensée. Quoi d'étonnant qu'il ait trouvé tout naturel que M. Parandier eût cédé aux conseils de l'égoïsme ? Ne prête-t-on pas volontiers aux autres ses propres mouvements habituels, et Basile (1), à la place de M. Parandier, n'eût-il pas certainement agi comme il pense que l'a fait M. Parandier ? Réparation donc à Basile, que nous étions sur le point de calomnier en l'accusant de duplicité (2). Pourtant, honnête Basile, permettez-nous, à nous qui croyons connaitre à fond notre ami, de vous donner la pleine assurance que, selon l'habitude de toute sa vie, M. Parandier, en cette circonstance comme en toute autre, n'a pas puisé son opinion dans son intérêt personnel, mais seulement dans son appréciation consciencieuse des intérêts de sa ville natale, qui a déjà reçu de lui et en recevra encore des preuves d'affection et de dévoûment que

(1) Basile... c'est un peu vieux, ça sent son 1834.

(2) Injurier n'est pas répondre..

vous ne lui avez jamais données et ne lui donnerez jamais (1)!

Cette assurance toutefois ne vous suffirait pas ; car nous jugeant nous aussi d'après vous-même, vous tiendriez nécessairement comme suspectes nos déclarations, nos affirmations. Mon Dieu, nous convenons que l'expérience de la vie, surtout d'une vie passée dans les régions où vous vous complaisez, rend justement défiant. Eh bien ! nous vous donnerons plus qu'une assurance, une preuve matérielle. Veuillez donc, cher Basile (2), jeter les yeux sur les lignes ci-après que l'un d'entre nous, qui connait la question dans ses plus infimes détails, a tracées pour votre instruction.

Le tracé bleu tel que l'indique parfaitement M. Parandier dans sa lettre du 13 août 1862 p. 10, et qui rectifie le premier qui était inadmissible, passe en effet à l'extrémité inférieure des vignes que possède M. Parandier, et coupe le chemin montant à sa propriété à près de 40 mètres de hauteur au dessous de la terrasse de son habitation et à environ 600 m. de parcours, en suivant les chemins. Or, de ce point jusqu'à la *rue de Larney* il n'y a plus que 250 pas à parcourir sur un chemin rural public, que depuis plusieurs années M. Parandier a remis en parfait état, et qui doit se perfectionner encore (3).

(1) Laissons M. Parandier de côté. Qu'avez-vous fait de plus que moi pour notre ville natale ? Et je ne parle pas de 1834, quand vous y avez proclamé la République ! Vous n'étiez pas alors Inspecteur général des lignes télégraphiques.

(2) Basile est bien joli ! mais vous le répétez beaucoup ; on pourrait mettre Jésuite, pour varier, c'est de la même époque.

(3) En bonne partie avec l'argent de la ville ; car si M. Parandier a permis gracieusement de prendre dans une carrière à lui appartenant, afin de construire une glacière, que nous devons à l'initiative de l'autorité et dont je n'ai pas parlé, des matériaux estimés 127 fr. 10 centimes, il a stipulé que cette somme serait employée a amé-

Qui peut dire qu'il y aurait eu avantage quelconque pour M. Parandier à tourner par la route de Mesnay suivant le tracé bleu, au lieu de faire ce trajet de 250 pas sur un chemin parfaitement praticable et uni? Notez qu'à partir du point où il traverse le chemin des Tourillons, le tracé bleu s'éloignait indéfiniment de la propriété de M. Parandier, tandis que le tracé rouge exécuté revient de Vaucelle sur lui-même, et passe à moins de cent mètres de distance de la limite, et à *moins de 200 pas de la terrasse de ses bâtiments, et au même niveau;* de plus, à 250 mètres environ sur la route neuve, plus haut que ce point, un chemin de desserte à pentes douces conduit de la même terrasse sur la route neuve avec laquelle il se relie, ce qui permet à M. Parandier d'atteindre cette route, comme il le fait actuellement, soit pour se diriger sur la gare, soit, s'il le voulait, pour descendre en ville ; mais M. Parandier n'a nul besoin de cette route neuve pour ses relations avec Arbois, il ne se soucierait nullement d'aller faire le détour par Vaucelle pour s'y rendre, pas plus que le détour par la route de Mesnay, du tracé bleu ; détours qui n'eussent été tous admissibles, l'un ou l'autre, qu'en cas où il eût fallu faire arriver dans une usine des voitures lourdement chargées.

Voilà pourquoi M. Parandier a pu dire en toute assurance note 2, page 9 même publication que celle précitée. « Que l'a-
» doption du tracé rouge ou bleu lui était tout à fait indiffé-
» rente et... Qu'il foulait aux pieds le bruit qu'on avait fait cou-
» rir de son prétendu intérêt privé dans cette affaire, etc, (1). »

liorer le chemin qui conduit à son château, par la caisse municipale qui en dépensera au moins le double dans les travaux en cours d'exécution.

(1) Pour le cas très-probable où le lecteur n'aurait rien compris aux trois paragraphes qui précèdent, qu'il lui suffise de savoir que le tracé rouge ne donne accès à la propriété de M. Parandier, qui est

Il faut être insensé pour imaginer que M. Parandier serait allé s'exposer à faire une *habitation d'agrément* sans s'être assuré des moyens nécessaires pour établir la rectification attaquée depuis plusieurs années, et bientôt achevée, des parties en forte pente du chemin d'ailleurs très-uni sur lequel les voitures circulent journellement quoi qu'en dise l'auteur du pamphlet (1).

D'ailleurs, c'est en 1856 et en 1857, que M. Parandier a fait voter par le conseil général du département les 70,000 fr. nécessaires pour rectifier le mont de Mesnay, à partir de la sortie de ce village, jusqu'au point dit *entre Deux-Monts*, où l'on prévoyait alors que l'emplacement de la gare serait placé ; les constructions de M. Parandier, projetées en 1853-54, telles qu'elles ont été exécutées, ainsi que M. l'architecte Perrard pourrait l'affirmer, ont été commencées en 1857, après l'acquisition des parcelles nécessaires à son chemin rectifié et ont été poursuivies sans interruption pendant toutes les années suivantes, *bien avant qu'il ne fût question ni du tracé rouge ni du tracé bleu;* de plus, lorsque les murs de la façade se sont élevés de terre, comme dit l'auteur du pamphlet, *il y avait deux ans que les fondations et les caves du bâtiment et une partie du soubassement étaient construits.* Est-il raisonnable d'après cela de supposer que M. Parandier ait jamais compté sur l'exécution d'un tracé abandonné dès son

à mi-côte, que par le haut et avec des chemins à faire, tandis que le tracé bleu, qui devait passer au-dessous, avait sur son parcours un point de repère portant : *Entrée du Tourillon*, d'où l'on montait au château par des chemins faits depuis longtemps.

(1) Avec une pente de 9 et 13 pour cent, suivant le plan dressé par M. Parandier lui-même; et à l'époque des vendanges seulement ; ce n'est qu'un chemin de desserte.

origine par décisions municipales et du conseil général du département (1)?

Eh bien ! honnête Basile, avez-vous lu avec un peu d'attention les lignes qui précèdent, et vous ont-elles convaincu ? Ou auraient-elles fait naître dans votre for intérieur le regret... de n'avoir pas su mieux arranger vos moyens ? Mais peut-être aussi les avez-vous lues plus légèrement que ne le feront d'autres lecteurs, ce qui nous prouverait que nous exigions beaucoup trop de vous. Etudier un plan ou bien faire un proverbe ou une chansonnette, ce sont deux choses fort différentes. L'examen froid et attentif de ces lignes rouges et bleues qui serpentent tortueusement sur une feuille de papier, est un travail bien prosaïque et auquel vous n'avez jamais dû vous livrer, parce qu'il ne saurait faire jaillir de votre cerveau-cratère toujours en éruption, ces étincelantes fusées d'esprit qui sont pour vous un impérieux besoin, une condition d'existence (2).

Mais c'est assez, c'est trop même sur ces deux chemins. Passons à la question du gaz, qui ouvre et ferme le pamphlet, encadrant la dissertation sur les tracés bleus et rouges com-

(1) C'est une dérision de prétendre que les constructions du château de M. Parandier ont été commencées en 1857 et continuées sans interruption; il n'y avait à cette époque, joignant la vieille tourelle, qu'une cabane servant à loger un vigneron et une espèce d'écurie pour une vache, lesquelles ont été détruites en 1862 ou 1863 pour faire place au bâtiment actuel.

(2) Il est vrai que la lecture de ces pages, où vous cherchez à nous faire prendre le change par la description de ces lignes rouges et bleues qui serpentent tortueusement, n'a produit aucun effet sur moi qui ne connais que la ligne droite, et je crois pouvoir vous assurer qu'il en sera de même pour tous les lecteurs qui auront eu le courage de vous suivre jusqu'ici.

me le feraient pour une pièce de théâtre le prologue et le dénoûment. Seulement on pourrait désirer, au point de vue de l'art, que le prologue et le dénoûment ne fussent pas un seul et même sujet. Nous ne voyons pas bien pour quel motif l'imagination si féconde de l'auteur n'y a pas introduit plus de variété.

Quoi qu'il en soit, prenons les arguments où nous les trouvons et consacrons-leur quelques lignes.

Dans le prologue ou avant-propos nous remaquons une vive critique des prétentions de M. l'inspecteur général des ponts-et-chaussées à traiter d'hygiène publique. En effet cet homme tout de routes, de chemins de fer et de canaux, dont l'esprit positif ne recherche que des solutions par A+B et n'admet que ce qui est certain et démontré ; cet homme tout de formules par lettres et par chiffres, voudrait-il aussi envahir le domaine des sciences conjecturales et venir affirmer carrément là où l'on ne procède que par de lointaines et douteuses inductions ; où la diagnostique ne s'exerce, par les praticiens les plus habiles, qu'avec une extrème réserve ; où la pathologie est entourée de tant d'obscurités ; où la thérapeutique ne marche qu'à tâtons, toujours côtoyant l'erreur et n'arrivant souvent qu'à une cruelle déception ! En vérité, M. l'inspecteur général n'y pense pas. Qu'il nous dise à quelles conditions les différentes voies de communication seront praticables et sûres, c'est fort bien ; on en sera quitte pour ne pas l'écouter et pour faire le contraire de ce qu'il conseille : mais, pour Dieu ! qu'il laisse l'Allemagne aux Allemands et l'art médical aux médecins.

Tous ces raisonnements sont beaux et bons. Seulement il nous semble qu'ils pourraient avec plus de justesse s'appliquer à l'auteur du pamphlet qui affirme, lui, bien entendu sans en fournir aucune démonstraion, que les émanations des usines à gaz sont parfaitement inoffensives. Qui a raison ? Qui devons-nous croire ? M. Parandier, à la vérité, est un savant et ses études ont porté sur bien des branches de la science ; mais il n'est pas docteur en médecine et n'a pas étudié spécialement l'hygiène (1).

Son adversaire est sans doute plus fort ; car si au sortir du collége il a repoussé loin de lui tous les livres d'école, il faut reconnaître qu'il a longtemps soit comme auteur, soit comme acteur, cultivé le théâtre, où il paraît que sans être un Pic de la Mirandole, on apprend vite à parler de tout et sur tout, *de omni re scibili*, et où par conséquent l'on doit acquérir des connaissances universelles et très-approfondies (2). Malgré la

(1) Je n'ai point, Dieu m'en garde, attaqué les connaissances de de M. Parandier, qui est un savant, et dont les études ont porté sur bien des branches de la science, dit l'auteur de la *Réponse à un Libelle*, mais il me permettra de donner la préférence à l'opinion de M. Boussingault, membre de l'Institut, professeur de chimie agricole au Conservatoire des Arts et Métiers, qui, je crois, n'est point un âne non plus, et dont le rapport sur l'innocuité des usines du Gaz riche a été soumis à M. le Préfet du Jura, à propos de la construction de l'usine d'Arbois. Du reste, cette usine fonctionne depuis plus de quinze jours, à la grande satisfaction des habitants, et sans avoir provoqué la moindre plainte même de ses plus proches voisins, qui déclarent n'en pas éprouver le plus petit inconvénient.

(2. J'ai quelquefois joué la comédie dans les salons de mes amis, j'en conviens ; mon contradicteur, M. l'Inspecteur général des lignes télégraphiques, pourrait-il affirmer qu'il ne l'a jamais jouée, dans les salons ou ailleurs, sur la plaine de l'Ermitage, par exemple, en 1834 et 1848 ? J'avoue que je ne suis qu'un ignorant, mais qu'est-ce que cela prouve ? Vous savez bien que cela n'empêche pas d'administrer un département, d'occuper un poste élevé, même dans la Télégraphie... Toujours l'histoire de la poutre dans son œil et de la paille dans l'œil du voisin.

supériorité que ce Janus de la scène nous montre sur M. Parandier nous penchons plutôt vers l'opinion de ce dernier et voici nos motifs. Les usines à gaz sont encore aujourd'hui classées parmi les établissements incommodes et insalubres. Le savant factum qui nous occupe les fera assurément sortir de cette humiliante catégorie, car on assure qu'un certain nombre d'exemplaires ont été adressés à des ministres, à des chefs d'administration, à des notabilités de divers ordres; mais jusque-là il faudra de toute nécessité, en dépit des affirmations contraires de l'auteur, les considérer comme incommodes et insalubres. Paris, dit-il, possède de semblables usines dans ses centres les plus populeux, même sur le boulevard Montmartre, dans le passage Jouffroy. C'est possible ; mais notre auteur ignore que ces usines-là sont soumises à des conditions de fumivorité et de réduction des gaz insalubres qui en garantissent l'innocuité. Peut-il nous assurer que l'usine d'Arbois a été placée dans ces mêmes conditions et pourra jamais l'être?

Le pamphlet n'a pas reproduit un argument qui a circulé dans la ville, partant sans doute de la même source. Il nous semble à propos d'y répondre ici (1). On a dit que, loin d'être insalubres, ces usines avaient donné lieu à des cas remarquables de guérison. Admettons le fait comme constant; qu'en faut-il conclure? Rien autre chose sinon que les émanations des usines à gaz exercent réellement une action considérable sur l'économie, et, dans des cas déterminés, une action thérapeutique. Mais, pour ce même motif, elles sont une cause certaine d'insalubrité. Administre-t-on des médicaments aux gens bien portants? Donne-t-on de l'opium à ceux qui passent de bonnes nuits, et de la quinine à ceux dont le pouls est régulier et la

---

(1) Au lieu de vous battre contre des arguments que je n'ai pas présentés, il eût été plus à propos de réfuter ceux que j'ai produits et les chiffres que j'ai donnés.

santé florissante? L'emploi intempestif d'un spécifique, en l'absence du cas morbide qui y correspond, n'est-il pas toujours inutile et souvent dangereux? Ah ! si tous les habitants d'Arbois avaient le croup ou la coqueluche, nous bénirions cette usine placée à nos portes et nous irions, en rangs pressés, entourer ses abords, pour aspirer à pleins poumons ses bienfaisantes exhalaisons. Mais Dieu, en soit loué! les habitants d'Arbois ont joui jusqu'ici d'une santé vigoureuse et n'ont pas eu d'autre coqueluche que celle que leur causaient d'assez tristes compatriotes (1). Laissez-nous donc cet air pur et vivifiant que nous versent à torrents nos montagnes et nos forêts, après l'avoir dépouillé de tous miasmes fétides et parfumé de leurs fraîches et douces senteurs.

Selon l'auteur du pamphlet (page 4), M. Parandier attribue aux émanations de l'usine à gaz une action tellement *délétère qu'il en a été suffoqué même avant qu'aucun essai de fabrication eût été tenté et que l'appareil eût fonctionné* (sic). Quoi! M. Parandier s'est plaint de cela! serait-ce à vous, par hasard (2)? Oh, non ce n'est pas possible ; vous avez trop d'esprit pour qu'il ait pu songer à vous adresser une pareille turlupinade. Vous auriez sur le dos le costume d'un de vos jocrisses ; vous auriez revêtu, comme cela arrive parfois dans vos jeux scéniques, la dépouille d'un de ces intéressants habitants de l'Arcadie, que tous ces déguisements n'auraient pu lui faire prendre le change, ni l'amener à vous tenir un langage aussi incongru. Nous sommes donc forcés de croire qu'il y a là, comme partout dans votre libelle, de fausses interprétations et qu'il y aurait à rectifier largement votre récit.

(1) Je puis vous prédire, sans être sorcier, que vous ne serez jamais la leur.

(2) Non ; c'est dans sa lett,e à M. le Préfet du Jura en date du 15 octobre 1865, dont nous avons la copie sous les yeux, à votre service.

Sautons maintenant à l'autre bord du cadre, en enjambant les deux chemins, et arrivons à la page 19 où se représente le même sujet. Nous devions nous attendre, à propos de cette question du gaz, aux pointes obligées en pareille matière. Aussi y trouvons-nous de piquantes observations sur *les lumières qui éclairent, sur le feu qui brûle, sur l'eau qui éteint le feu..... quand on se jette à la nage,* le tout fort joliment tourné et d'un effet saisissant. Ce sont les coups de poings de la fin, d'Eugène Sue. Reste à savoir si ces lumières qui éclairent, ce feu qui brûle et cette eau qui éteint le feu produiront sur M. *l'Inspecteur général qui a bien besoin d'être éclairé,* dit le dénouement, cette impression salutaire, ce redressement de ses erreurs, cette repentance de ses fautes, qui ont évidemment été le but charitable et forment la moralité de la pièce nouvelle, pièce où, malgré un peu de confusion dans la conduite de l'intrigue, on ne saurait trop louer la faculté *créatrice* de l'imagination de l'auteur.

Avant de clore ces pages, arrêtons-nous encore un instant sur une observation de l'auteur du pamphlet. Soit pour la rectification de la route n° 7, soit pour l'abattoir, soit pour le gaz ou toute autre affaire, M. Parandier arrive toujours trop tard. Ne serait-ce pas là un calcul de sa part, afin de contrarier sans cesse l'administration municipale?

Quant au reproche d'une intervention toujours tardive de M. Parandier, rien de plus facile que d'en démontrer le peu de fondement. Il suffirait de rapprocher des faits et des dates qui établiraient que l'intervention a toujours eu lieu à temps utile (1). Comment d'ailleurs pouvait-il soupçonner le besoin de donner au lieu de simples avis, des explications qu'on ne demande jamais aux hommes spéciaux et compétents? Que

(1) Cela prouve alors qu'elle était peu fondée ou peu nécessaire, puisqu'on n'en a tenu aucun compte.

diable ! si le feu brûle. ce que nous croyons aussi, on n'y jette pas tout, et l'auteur du pamphlet peut rester assuré que M. Parandier n'y a pas encore jeté de certains documents, lesquels pour nous servir des spirituels calembourgs de sa brochure, répandront, même sans être livrés aux flammes, une très-vive lumière sur tout ce qui touche au gaz d'Arbois et sur le reste (1).

Mais admettons, même comme un fait constant, que M. Parandier est arrivé parfois un peu trop tard. Aurait-on le droit de l'en accuser ? M. Parandier, qui est loin de posséder l'art et l'habileté de son adversaire, n'a pas su, il faut en convenir, se tresser toute une existence de loisirs et de jouissances. Toujours assujetti aux devoirs étroits, aux obligations nombreuses d'une fonction importante qu'il tenait à remplir honorablement, il ne pouvait voir, loin de sa ville natale, tout ce qui s'y passait, ni la protéger comme il l'aurait voulu contre les suites de mesures, de projets qu'il considérait comme contraires aux intérêts de ses compatriotes. Loin de l'accuser, admirons plutôt l'activité dont il est doué et formons le vœu qu'elle continue à lui permettre de tenir les yeux ouverts sur ce qui se passe chez nous tout en satisfaisant aux devoirs de ses fonctions.

Nous terminerons en relevant cet autre reproche, adressé à M. Parandier, de critiquer, blâmer et empêcher l'administration municipale. Que M. Parandier n'ait pas été toujours du même avis que le maire ; que sur de certaines questions, notamment celles relatives à des travaux, il se soit cru autorisé à donner au maire des conseils puisés dans son expé-

______

(1) Pourquoi tardez-vous à les produire ? Ce n'est certes pas par égard pour vos adversaires, chacune de vos lignes le prouve. La menace est l'arme des impuissants.

rience ; qu'en quelques cas il ait tenté de faire modifier l'exécution de projets, bons peut-être en eux-mêmes, mais qui lui
semblaient insuffisamment étudiés, est ce une raison pour
prétendre qu'il serait personnellement hostile au maire et ne
se plairait qu'à le contrecarrer? Que n'a-t-on ajouté que les
nombreux amis de M. Parandier avaient épousé ses passions,
ses haines, ses rancunes(1)! Il est vrai qu'il aurait alors fallu en fournir des preuves et c'eût été difficile. Qui, en effet,
a accusé les intentions du maire? Qui a pensé, qui a dit qu'il
n'était pas animé d'un sincère désir de bien faire? M. Parandier n'a-t-il pas tenu ce langage dans sa lettre du 26 octobre dernier? Qui a nié ses actives démarches pour procurer
à ses administrés ce qu'il croit bon et utile? Les dissenti-
ments sur la portée et les effets de certaines mesures admi-
nistratives, même sur un système qui imprimerait à chacune
d'elles un *caractère particulier*, suffisent-ils pour faire naître
et légitimer une opposition tracassière, hostile, passionnée,
implacable? Ni M. Parandier, ni ses adhérents et ses amis ne
l'on jamais pensé. Nous nous demandons alors dans quel but
l'auteur du pamphlet voudrait persuader que telles sont nos
dispositions envers le maire ; dans quel but il le flatte si dou-
cereusement et le comble des louanges les plus hyperboli-
ques, sincères comme tout ce qu'il dit? Ne serait-ce pas pour
s'en faire un auxiliaire, un plastron, voire même un bouc
émissaire? Car il sentait bien qu'il faut être fort pour suppor-
ter seul la réaction qui suivrait infailliblement une attaque
aussi téméraire que celle de son pamphlet. Mais le maire se
prêtera-t-il à cette combinaison? Acceptera-t-il, dans cette
pièce sifflée aujourd'hui de tous côtés, le rôle peu digne de
Bertrand, que l'auteur voudrait lui faire prendre afin de

(1) Nombreux! c'eût été de l'exagération.

nous persuader que la première pensée et la principale responsabilité de cette œuvre malveillante doivent remonter plus haut que lui? Nous ne le croyons pas (1).

(1) Nulle part je n'ai parlé, dans ma brochure, des amis de **M.** Parandier. J'ai avancé seulement, et prouverai, si on le désire, que l'abattoir était resté à sa place par le fait de ses adhérents. Ne me prêtez ni vos suppositions ni votre règle de conduite, car je ne vois pas, **M.** l'Inspecteur général des lignes télégraphiques, ce que j'aurais à y gagner. Votre *Réponse à un Libelle* est certainement très-lourde, ceux de vos lecteurs qui ont été assez intrépides pour vous lire jusqu'à la fin, ont pu en juger; mais je suis de force à la porter seul et légèrement, sans faire remonter à personne la responsabilité de mes paroles en me cachant sous le voile de l'anonyme. Je puis avouer tous mes actes, signer tout ce que j'écris. Tout le monde, à ce qu'il paraît, n'en peut pas faire autant.

CONCLUSION

La cause est entendue. Qu'il me soit permis, avant de quitter la plume, d'exprimer un regret : On ne voit pas, sans douleur, au déclin de la vie, se briser une amitié d'enfance. Ma lettre du 2 mars 1864, à Madame Parandier. dit assez duquel de mes adversaires je veux parler, sa date témoigne de mes longs efforts pour ramener la bonne intelligence entre nous. Il a fallu plusieurs années d'une opposition continue et sans motif, pour me faire souvenir de cette belle parole d'Aristote : *Amicus Plato, magis amica veritas*, qu'on peut traduire ainsi : J'aime M. Parandier, mais j'aime encore plus la vérité.

POST-SCRIPTUM

J'apprends qu'il vient de paraître une réponse à cette brochure, pendant qu'elle est encore à l'impression ; ceci est très-fort ! Elle est signée de M. d'Epercy, ancien Préfet de la République, et toujours Inspecteur général des lignes télégraphiques.

Les grossièretés contenues dans ce nouveau factum sont

de nature à soulever le cœur de tous les honnêtes gens ; comme elles n'ont d'autre importance que la valeur du signataire, ou tout au plus, quoi qu'il en dise, celle des quatre suffrages qu'il a obtenus aux dernières élections municipales, il est tout-à-fait inutile d'y répondre.

Au surplus, il suffit, quant à présent, de la *Réponse à un Libelle*, dont M. d'Epercy se fait gloire d'être l'auteur, et certes il n'y a pas de quoi, pour fixer l'opinion publique dans la discussion que ma publication d'aujourd'hui a pour but de soumettre au jugement de nos concitoyens.

Adolphe PETITJEAN.

Arbois, Émir JAVEL, Imp.